知ろう!
減らそう!

食品ロス

2

食品ロスを減らすには

小峰書店

もくじ

それくらいで♪

この本を読むみなさんへ

監修　小林富雄

私たちは、日々食べ物を食べて生きています。人間は食べなくては生きていけませんから、食べ物は、人間にとって最も大切なものと言えるでしょう。

食べ物には、魚介類のように自然からもたらされるもの、野菜やくだもののように人が栽培しているもの、食肉のように人が飼育した家畜から得るものがあります。さらに、さまざまな食材をもとに加工された食べ物や、調理された食べ物もあります。

日本だけでなく、世界中で毎日毎日、大量の食べ物が生産され、消費されています。その一方で、まだ食べられるものを捨ててしまう「食品ロス」が問題になっています。「ロス」は、「失う、むだにする、損失」という意味ですから、「食品ロス」は、むだになってしまう食べ物のことです。

日本では、国内で生産される食べ物と、海外から輸入される食べ物の4分の1近くが「食品ロス」になっているという調査があります。また、ほかの国でも「食品ロス」が大きな問題になっています。とても悲しいことだと思いませんか。

「知ろう！減らそう！食品ロス」のシリーズでは、このような「食品ロス」がいったいどれくらいあるのか、どうして「食品ロス」が生まれるのか、「食品ロス」をなくすにはどうしたらよいのかなどについて考えていきます。

調べていくうちに、「食品ロス」は、ただもったいないというだけでなく、地球環境や資源の問題とも関係していることがわかってきます。また、食べ物に関する会社や工場、スーパーマーケットやコンビニエンスストアなどの小売店もかかわっていることに気がつくでしょう。それだけに、「食品ロス」は解決することが難しい問題であることもわかってくると思います。

なによりもみなさんに気づいてほしいのは、「食品ロス」が、私たち一人ひとりに関係しているということです。「食品ロス」について考えることは、私たちがどう暮らしていくかを考えることでもあるのです。

「食品ロス」を通して、よりよく生きるためにはどうすべきかを考えられるようになってもらえれば幸いです。

「食品ロス」を減らそう

　「食べられるのに、捨てられている食品」——
食品ロスは、日本だけでなく世界でも大きな問
題になっています。「食品ロス」を減らすために、
どんな取り組みが行われているのでしょうか。
その活動について、みんなで調べてみましょう。

相模原市

ムダなくおいしい
家 DE 出さない！
フードロス※！
×
管理栄養士
が教える
学校給食の人気メニューを活用した
リメイクレシピ！

フードロスをみんなで減らそう!!
ご家庭でのアイデアを提案！

1つのメニューで
2度おいしい！
メニューのリメイク術や、
食材の使いきりの方法を紹介！

発行：相模原市資源循環推進課　協力：相模原市教育委員会学校保健課

※まだ食べられるのに、捨てられている
食べ物のこと。

©分別戦隊シゲンジャー銀河・レモンちゃん　WebCreators Fairytale／相模原市

いっしょに
調べよう！

EBILAB

食品ロスを減らすために

食品ロスの原因と対策を考える ● ● ● ● ● ● ● ● ● ●

　1巻で見てきたように、日本でも世界でも大量の食品ロスが出ています。食品ロスは、食品をつくる会社、飲食店、食品を売る店などから出ています。また、家庭（消費者）や学校など、私たちのくらしの中からも食品ロスが生まれています。

　食品ロスを減らすためには、まず、食品ロスの原因や、どうしたら減らせるかの対策を考えることが大切です。

みんなで取り組まないと解決できないね。

食品をつくる会社

飲食店・レストラン

食品を売る店

食品ロス

約643万トン

家庭（消費者）

学校

食品ロスは、みなさんが毎日口にしている、身近な食べ物の問題であると同時に、国や都道府県などが取り組まなければならない大きな問題でもあります。食品ロスを減らすために、「食」にかかわるさまざまな場所で取り組みがはじまっています。

国や都道府県の取り組みも ●●●●●●●●●●

食品ロスは、地域全体や、日本全体の問題でもあるので、国や都道府県・市町村(地方公共団体)でも、積極的に取り組むようになっています。

日本全体のことを考えるのは国の役割です。法律を定めるなど、食品ロスを減らすための方針を打ち出します。一方、地域ごとにどうしたらよいかを考えるのは都道府県・市町村などです。それぞれの地域に合ったやり方で食品ロスを減らす取り組みをしています。

国や市町村なども取り組んでいるんだね。

国(政府) ………………

法律を定めたり、方針を決めたりする。

食品ロスに関係する省庁

・農林水産省
・環境省
・消費者庁
・経済産業省
・文部科学省
・厚生労働省

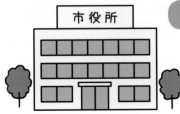

都道府県・市町村(地方公共団体)

地域に合ったやり方で取り組みを進める。

食品ロスに取り組む団体 ●●●●●●●●●●

食品ロスは、社会全体の問題です。さまざまな社会問題を解決するために活動しているNGO(非政府組織)や、NPO(非営利団体)の中には、食品ロスを減らす取り組みをしている団体があります。

それぞれの取り組みを見ていきましょう

食品をつくる会社の取り組み

容器や包装の工夫

しょうゆや野菜などの容器や包装を工夫し、長期間鮮度を保てるようにしています。食品をおいしく利用できる期間が長くなり、食品ロスになりにくくなります。

そんな工夫があるなんて知らなかった。

しょうゆの容器

しょうゆが直接空気にふれない容器を開発し、しょうゆの鮮度を長持ちさせています。

キッコーマン

ボトルが二重構造になっているため、空気にふれず、酸化を防ぐ。

野菜の包装ぶくろ

外から酸素が入りすぎず、結露を防ぐふくろを開発し、野菜の鮮度を保つようにしています。

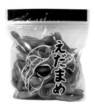

精工

結露を防ぐ。

酸化による変色を防ぐ。

飲み物の容器

光と空気にふれない容器を開発し、菌のない環境で飲み物をつめることで、常温でも1か月以上保存できるようにしています。

森永乳業

ポリエチレン
アルミはく
ポリエチレン
紙
ポリエチレン

光と空気をしゃ断する。

もったいないものを有効に利用する

これまでは捨てられていた野菜の葉や皮やしんなどを加工して別の商品にするなど、捨てる食品を減らしています。

ZENB JAPAN

ミチナル

マツザワ

捨てられることが多い皮やしんも細かくつぶして材料としている野菜スティックなど。

規格をそろえるために捨ててしまう、野菜の葉やはしなどを加工した冷凍野菜。

ごみとして捨てていた柿の皮を利用して開発されたフェイスマスクなどの化粧品。

食品をつくる会社では、容器や包装の改良や、捨てられていた食材をいかす工夫、これまでの取り引きの習慣を変えるこころみなど、食品ロスを減らすために、いろいろな取り組みが考えられ、行われています。

取り引きの習慣を変える

食品をつくる会社や卸売業者は、小売店に賞味期限の3分の1までに納品し、小売店では賞味期限が残り3分の1までしか販売しないという習慣があります。この習慣を見直して、小売店には賞味期限の2分の1までに納品し、できるだけ賞味期限近くまで販売するようにすれば、食品ロスを減らすことができます。

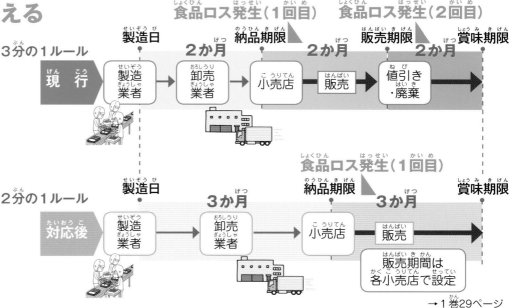

→1巻29ページ

賞味期限の表示を見直す

品質には問題がないのに、あえて賞味期限を短く表示していることがあります。また、年月日まで賞味期限を細かく表示している場合もあります。たとえば、年月日の表示を年月にすることで、店での管理が簡単になり、食品ロスが減ります。

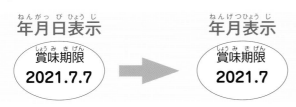

年月日表示
賞味期限
2021.7.7

年月表示
賞味期限
2021.7

年月までの賞味期限表示のある食品。

食品ロスを減らす農業の取り組み

野菜などは、商品として出荷する際に、大きさや形の基準が決まっていて、その規格（基準）に合わないものは出荷できず、捨てられることがあります。とはいえ、品質には問題がないので、加工品にすれば食品ロスを減らすことができます。たとえば、規格外のダイコンなどは、つけものにするなどの取り組みがされています。

生協パルシステム

店で売るには形が悪いダイコンも、つけものなどの加工品としてはりっぱな材料に。

飲食店・レストランの取り組み

料理の出し方を変えて、食べ残しを減らす

　飲食店やレストランでは、同じ注文であれば、同じ量の料理を出すのがふつうです。しかし、お客さんによって、食べる量や好みはちがいます。そのため、食べきれない分や好みでないものは食べ残しにつながってしまいます。

　そこで、注文できるご飯の量を細かく分けたり、つけもののように、みんなが食べるとはかぎらないものは別にするなど、工夫をしている飲食店があります。

ニューフジフーズサービス

利用者が、ご飯の量を選べるように、利用券を活用している食堂の表示。

つけものなどの副菜はセルフサービスで取れるようにしたレストラン。自分が食べたいものを選べるので、食べ残しが減る。

ハチパン

たっぷり野菜は、8番の定番

少量の料理を用意しているラーメン店のメニュー。

出典：農林水産省ウェブサイト（https://www.maff.go.jp/j/press/shokusan/kankyoi/191011.html）

来客数を予想して、しいれすぎやしこみすぎを防ぐ

　飲食店やレストランでは、あらかじめ来客数を予想して食材のしいれや、料理の下準備をしています。ところが、予定していたよりお客さんが少なければ、その分の食材を捨てなければいけなくなります。

　来客数は、天候や地域のイベントなどによって大きく変わります。そこで、天候予測などのデータをもとに来客数を分せきして、できるだけ食品ロスを減らしている飲食店があります。予測の的中率は高く、食材のしいれすぎや、料理のしこみすぎが大はばに減りました。

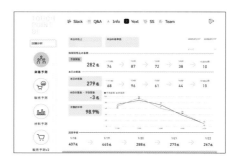

EBILAB

コンピュータを利用して、その日の来客数を予測し、朝礼で確認する。

お客さんの数を予想するのは難しそうだね。

飲食店やレストランなどからは、しこみすぎてしまった料理や、お客の食べ残しなど、多くの食品ロスが出てしまいます。こうした食品ロスを減らすために、料理の提供のしかたを工夫したり、余った料理の持ち帰りをすすめるなど、いろいろなこころみがされています。

余った食材を別の料理に利用する

お客さんが好きな食べ物を好きな量だけ取れるビュッフェ形式のレストランでは、どうしても料理を多めに用意しておく必要があるため、結果的に食べ物を余らせてしまうことがあります。

あるレストランでは、残った食材を別の料理に使う工夫をしています。

ホテルナゴヤキャッスル

ビュッフェレストランで残ったパンを、フレンチトースト（左）やチョコラスク（右）などの食材として利用している。

料理の持ち帰りをすすめる

お客さんが食べきれない料理を持ち帰りたくても、言い出せないことがあります。そこで、積極的に声をかけたり、持ち帰り用の入れ物を提供するなど、食べきれない分を持ち帰ってもらえるようにしている飲食店があります。

毎日新聞社／
TGIフライデーズ

ハンバーガーショップで食べきれないお客さんに声をかけ、持ち帰り用の入れ物をわたす店員。

料理が余りそうなときにアプリで発信する

飲食店やレストランなどからの料理や食材が余りそうだという情報をサイトに掲載し、それを利用者が割安の値段で引き取れるようにしているアプリがあります。

飲食店は食品ロスを減らすことができ、利用者は料理を安く手に入れられるしくみです。毎月決まった金額分を利用できるしくみのアプリもあります。

コークッキング

店から、提供できる料理の数や値段、利用できる時間などが発信される。利用したい人は、アプリから注文して店に引き取りにいく。

Reduce GO

毎月決まった額で、契約するしくみ。店から情報が発信され、料理を引き取ることができる。

食品を売る店の取り組み

消費期限が近い食品を値引きする

　スーパーマーケットでは、弁当やそうざいなど、その日のうちに売れないと捨てなければならない商品を、タイムセールなどで値引きして売ることがよくあります。これも食品ロスを減らすための工夫です。

　また、一部のコンビニエンスストアでは、消費期限が近くなったおにぎりなどを買うと、ポイントがもらえるしくみの実験が行われました。これも、値引きと同じ考え方です。

スーパーマーケットでは、消費期限が近づいた食品は、値引きをして売り、できるだけ売れ残らないように工夫をしている。

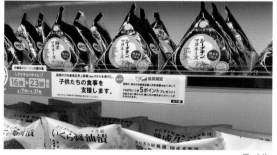
消費期限が近い食品を買うとポイントがもらえるしくみを実験したコンビニエンスストアでの表示。
ローソン

お客さんに食品ロスを減らす協力を呼びかける

　スーパーマーケットなどでは、同じ商品は、消費期限や賞味期限が短いものを手前に並べています。買い物をする人の中には、すぐに食べるのに、わざわざおくの商品を選ぶ人がいます。多くの人がこのようにすると、消費期限や賞味期限が短いものが残り、食品ロスになってしまいます。

　そこで、「すぐに食べるなら、手前から取ってね！」と、消費者に呼びかけるスーパーマーケットがあります。

売り場に置かれた呼びかけのポップ。
コープこうべ

自動的に値引きする実験も

　消費期限や賞味期限のデータを記憶した電子タグを商品につけ、消費期限などが近づいたら、自動的に値札の表示価格が下がり、それを利用者に知らせる実験が行われています。利用者のスマートフォンに情報が送られ、買いたい人が店を訪れます。

ツルハホールディングス

電子タグ

消費期限が近づくと、値段が下がったことが利用者のスマートフォンに通知される。

食品を売る小売店やスーパーマーケット、コンビニエンスストアなどでは、売れ残った食品や消費期限をすぎた食品を捨てなければならないことがあります。食品ロスをおさえるために、商品の値引きや、お客さんへの呼びかけ、インターネットを使った取り組みなど、さまざまな工夫がされています。

捨てられるおそれのある食品の専門店

　安全に、おいしく食べられるのに、さまざまな理由で捨てられるおそれのある食品を中心にあつかう店が登場しています。そのままでは捨てられてしまう商品を引き取り、その中から売れるものを選んで販売しています。

NPO日本もったいない食品センター

捨てられるおそれのある食品を中心に販売するスーパーマーケット。いろいろな食品が、格安で売られている。

予約を呼びかけて売れ残りを減らす

　恵方巻や土用のうなぎ、クリスマスケーキ、バレンタインデー向けのチョコレートなど、1年の決まった時期にたくさん売れる商品は、品切れにならないように多めにしいれがちです。しかし、その時期をすぎると売れなくなってしまうので、食品ロスにつながります。あるデパートでは、食品ロスを減らすために、できるだけ予約してもらうように呼びかけています。

恵方巻の予約を呼びかけ、食品ロスを減らす協力をお願いするデパートのちらし。食べ残しが少なくなるように、小さいサイズのものも用意している。

大丸東京店

食品ロスを防ぐ通信販売

　インターネットを通じて、捨てられてしまいそうな食品を販売している会社があります。
　食品をつくる会社などから、賞味期限が近づいた食品や、割れたりして出荷できない食品などを集めて、安く販売しています。

株式会社ビューティフルスマイル

一般の小売店などではあつかわれにくい食品を販売する会社のサイト。

くらしの中でできる取り組み

食品ロスを減らすために、何かしている人の割合は？

　食品ロスが大きな問題になっている今、食品ロスを減らすための行動をしている人たちはどれくらいいるのでしょうか。消費者庁の調査によると、日本国民の約3人に2人は、なんらかの行動をしていることがわかっています。食品ロスを減らさなくてはいけないと考えている人は多いのです。

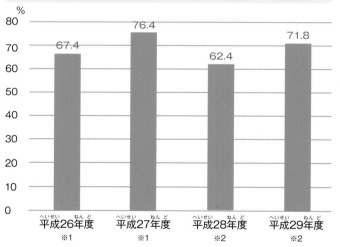

食品ロスを減らすために
なんらかの行動をしている国民の割合

	平成26年度※1	平成27年度※1	平成28年度※2	平成29年度※2
%	67.4	76.4	62.4	71.8

※1　消費者庁「消費者意識基本調査」
※2　消費者庁「消費者の意識に関する調査結果報告書」

かなり多くの人が行動しているんだね。

どんな行動をしているの？

食事は残さずに食べる

ごちそうさまでした！

賞味期限をすぎても
すぐに捨てず、食べられるか判断する

まだ食べられるかな…

冷凍保存を活用する

食品ロスは、食品をつくる会社や、食品を売る店などだけの問題ではありません。私たち一人ひとりの問題でもあります。ある調査では、日本人の約７割が、食品ロスを減らすために、何かしらの取り組みをしていると答えました。では実際に、どんな行動をしているのか見てみましょう。

料理をつくりすぎない

日ごろから、食材の種類や量、期限表示を確認する

小分け商品、少量パック、ばら売りなど、食べきれる量を買う

残った料理を別の料理につくり変える

飲食店などで注文しすぎない

フードドライブに協力する

フードドライブとは、おもに家庭で余った食品を、必要としている人にわたるようにする活動。

家庭で減らせる食品ロス

愛情と感謝のある食事が基本 ●●●●●●●●●●●●

　食品ロスについて考えるときに、もっとも基本になるのは、日々の食事を大事にすることです。

　食べる人のことを考えて食事をつくること、おいしいものを楽しく食べること、食材や料理をつくってくれた人に感謝する気持ちを忘れないこと。これらのことができれば、食べ残しは自然になくなるかもしれません。

おいしく、楽しく食べて、感謝の気持ちを持つことが基本。

買い方や保存のしかたを工夫 ●●●●●●●●●●●●

　買い物をするときや食品を保存するときの少しの心がけで、食品ロスを減らせます。また、食材の使い方にも工夫できることがあります。おうちの人と話し合ってみましょう。

安く売っていても、買いすぎない。

なるべく長持ちする保存方法を選ぶ。

冷蔵庫や冷凍庫の食材をこまめにチェックし、おいしく食べられるうちに食べきる。

ごみを減らす工夫も考えよう

　食材を捨てる量が減れば、家庭全体から出るごみの量も減ることになります。ふだん捨てている部分も、利用できることがあります。

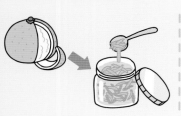

夏みかんの皮をマーマレードにする。

茶がらやコーヒーかすを消臭剤にする。

食品の食べられない部分を肥料にする。

ふだんの買い物や食材の使い方、料理のしかたなどを工夫することで、家庭でも食品ロスを減らすことができます。食品ロスを意識することで、家庭からのごみの量を削減でき、電気やガス、水などのむだをなくし、環境を守ることにもつながります。

食材を大事にする ●●●●●●●●●●●●●●●●

　ダイコンの葉など、捨ててしまいがちな部分でも、工夫すればおいしい料理に変わります。食材を大事にすることで、食品ロスを減らすことができます。

ダイコンの葉や、ブロッコリーのくきなどを、料理に使う工夫をする。

食材をむだなく使う例

じゃがいもやニンジンなどの皮を厚くむきすぎない。

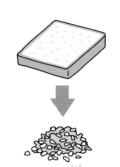

かたくなった食パンをパン粉にする。

リサイクル料理を考える ●●●●●●●●●●●●●●●

　たくさんつくってしまい余った料理を、別の料理につくり変えることで、ちがう味を楽しめます。食べ残しが減り、食品ロスを減らすことができます。

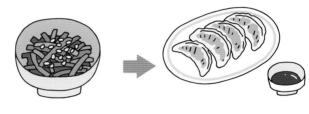

余ったきんぴらごぼうを、ぎょうざの皮で包んで蒸し焼きにする。

余ったカレーを使って、カレーうどんや、カレードリアをつくる。

電気やガス、水の節約も考えよう

　調理時間が短くなるように工夫すれば、エネルギーの節約になります。また、洗い物のひと手間で、水の使用量を減らすことができます。これらは、地球環境を守ることになります。

煮物をするときは落としぶたをする。

さましてから入れてね

熱いものを冷蔵庫に入れるのは、さましてから。

ひどいよごれは、紙でふいてから洗う。

おうちの人と
チェックしてみよう！

家庭での食品ロスを調べよう ●●●●●●●●●●●

家庭で、1週間にどれくらい食品ロスがあったか記録してみましょう。捨ててしまった食料や、食べ残しを記録する日記（「食品ロスダイアリー」といいます）をつけることで、食品ロスを減らすヒントが見つかります。

1週間で捨てた食品を記録してみる

例

日付	曜日	捨てたもの	捨てたものの種類				捨てた理由				メモ
			家で調理したもの	購入したもの	もらいもの	収穫・採取したもの	食べ残し	傷んでしまった	期限切れ	おいしくなかった	
9/10	月	しょうが 半分		○				○			買ったことを忘れていた

捨てることが多いものや捨てた原因を考える

どんな食べ物を捨てることが多いのか、その原因はなんなのか、考えてみましょう。

食品ロスを減らすためにどうしたらよいか考える

捨てた食品の記録をもとに、どうすれば食品ロスを減らせるか、家族で話し合ってみましょう。

家庭での取り組みの効果は…

食品ロスを計ることで、約2割の食品ロスを減らすことができます。また、食品ロスを減らす取り組みをすることで、約4割の食品ロスを減らすことができます。

消費者庁の
ポスター

出典：消費者庁ウェブサイト（https://www.caa.go.jp/policies/policy/consumer_policy/information/food_loss/）

18

みなさんの家庭では、食品ロスを減らすために何かしていることはありますか。1週間の
あいだに捨てた食品を記録してみると、食品ロスを減らすためのヒントが見つかるかもしれ
ません。下のリストの項目を、家族でチェックしてみましょう。

家庭でのチェックポイント ●●●●●●●●●●●●●●

食材を余らせないように買っている

こんなに
いらないよ

え〜っ

料理が残らないようにつくっている

食材を長持ちするように保存している

「いただきます」「ごちそうさま」を言う

いただきます!

ごちそうさま!

家にある食材をチェックしてから買い物に行く

つくった料理をほかの料理にアレンジする

肉じゃが

コロッケ

オムレツ

食材はできるだけむだなく使う

どんな料理に
使おうかな♪

ダイコンの葉っぱ

ニンジンの皮など

ブロッコリーのくき

食材をつくった人に感謝する

学校給食での食品ロス

1人あたり17.2kgが捨てられている

小学校と中学校の学校給食に使われる食品のうち、捨てられる分を計算すると、児童・生徒1人あたり、1年間で17.2kgになります。そのうち、食べ残しは、7.1kg。消費期限切れなどその他の理由で捨てられる分と合わせると、6割以上が食品ロスだと考えられます。

学校給食で使う食品のうち、捨てる分

食べられない分
使えない分

5.6kg

食べ残し

7.1kg

その他
消費期限切れなど

4.5kg

合計　17.2kg

1年間で1人あたり

約7%が食べ残し

環境省の調査では、給食全体の約7%が食べ残されていることがわかっています。みなさんはどうでしょうか。どんなときに食べ残すのか、考えてみましょう。

食べ残し

給食は教育のひとつ

学校給食には、児童・生徒に栄養バランスのよい食事をとってもらうほかにも、いろいろな目的があります。食べることを通して行われる、教育活動のひとつです。

栄養バランスのよい食事をとって、健康を保つ。また、正しい食生活や食習慣について学ぶ。

いっしょに準備することで、協力することの大切さを学ぶ。

食べ物にかかわるさまざまな人たちのおかげで食事ができることを学ぶ。

小学校と中学校の学校給食に使われる食品の中で、捨てられる分を計算すると、児童・生徒1人あたり、1年間に約17kg。そのうち約4割が食べ残しです。どんな理由で食べ残されているのか考えてみましょう。

給食を残す理由は？

　給食で捨てられる食品のうち、食べ残しが大きな割合をしめています。そのおもな理由は、「きらいなものだから」「量が多すぎる」「食べる時間が短い」というものです。

きらいなものだから

量が多い

時間が短い

給食を残さないために

　給食での食べ残しを減らすためにできることがあるはずです。食べ物の好ききらいや食べる早さは、人によってちがいます。先生や友だちとも話し合ってみましょう。

食べられる分だけ取る

取り分けるときに、食べられる分だけ取るようにする。

きらいなものは少なめに

好ききらいなく食べるようにする。どうしてもきらいなものは、少なめにしてもらう。

食べる時間を長くする

準備や後かたづけを効率よくして、食べる時間を長くする。

食べ物について学ぶ

食べ物がどのようにつくられるかなどを学ぶことで、食べ物の大切さを知る。

みんなで話し合ってみましょう。

約60%がリサイクルに

　給食の調理途中で出るごみや食べ残しなどの約60%はリサイクルされています。家畜の飼料（えさ）や農作物の肥料などに使われています。

約60%

肥料

飼料

学校で食べ物の大切さを考える取り組み

みんなに喜ばれる給食をつくる

　給食は、かぎられた予算の中で、栄養のバランスを考えてつくられています。そのうえで、味もできるだけよいものにする努力がされています。

　小中学生に人気のある料理をつくることは、食べ残しを減らすことにつながります。

地域の食材を使う

　学校給食に、できるだけ地域の食材を使う取り組みです（地産地消）。規格外の農産物の利用ができるほか、地域の食文化に関心が高まるので、食べ残しが少なくなります。

箕面市

栄養のバランスがよく、おいしい給食が工夫されている。

箕面市

地元でとれた野菜を積極的に使う。

箕面市

歌を歌う

　神奈川県相模原市では、音楽の先生と栄養の先生で、「パクパクもぐもぐワンスプーン」という歌をつくっています。給食委員が歌った歌を校内放送で流し、もうひとくちずつ食べようと呼びかけています。

菜友

校内に歌詞をはりだして、ワンスプーン運動を進める。

食べ残しなど、給食で捨てられる食品を減らすために、いろいろな取り組みが行われています。給食をつくる人、献立を考える人などをはじめ、学校給食にかかわる人たちが協力して、さまざまなこころみをしています。

学校で食育をする

　食を題材にした教育は「食育」と呼ばれます。学校に、食品の流通にたずさわる人や、料理人、栄養の先生などをむかえて、食についての授業を行うことがあります。児童や生徒が食について知り、考えることによって、食べ残しが減ります。

横浜市中央卸売市場本場（神奈川県）の人が、小学校で行う「いちば食育出前授業」のようす。

タウンニュース社

食の大切さを学ぶ

　家庭科や総合的な学習の時間を使って、バランスのとれた食事をすることが成長や健康にとって大切であることを調べます。学校給食は、栄養バランスについてよく考えられているのを知ることで、食べ残さないようにしようという気持ちが芽生えます。

栄養バランスの大切さについて自分たちで調べ、発表する。

丈久

食料を生産するところを見学する

　牧場に行って、牛の乳をしぼるなど、食料が生産されているところを見学します。食料を生産するために、たくさんの人が努力してくれていることを知り、食べ物への感謝の気持ちが生まれ、食べ残しが減ります。

実際に牛を見ることで、いつもの牛乳が、さらにおいしくなる!?

糸島みるくぷらんと

国が中心となる食品ロスを減らす運動

食品ロス削減に向けた国民運動 ●●●●●●●●●●

国の各省庁と、地方公共団体や事業者（会社や店）、消費者など、食に関係するさまざまな人たちが協力して、食品ロスを減らす運動。

国

食品ロスを減らすためにさまざまな取り組みを進めていく。

・農林水産省
・環境省
・消費者庁
・経済産業省
・文部科学省
・厚生労働省

おたがいに協力する

地方公共団体

事業者(会社、店)

消費者

シンボルは「ろすのん」

「食品ロス削減に向けた国民運動」のシンボルとして、2013年に、「ろすのん」というロゴマークが定められました。「ろすのん」には、食品"ロス"をなくす（ノン）という意味がこめられています。

食べものに、
もったいないを、
もういちど。
NO-FOODLOSS PROJECT

NO-FOODLOSS PROJECT

「ろすのん」のロゴマーク。

政府が中心となって「食品ロス削減に向けた国民運動」を進めています。国の関係省庁と地方公共団体、事業者（会社や店）、消費者などが協力して、国全体で食品ロスを減らしていくための運動です。

国のおもな取り組み

食品ロスを調べる

食品ロスの量や内容、食品ロスが起こる原因などをくわしく調べる。

食品ロスを減らす会社や店を支援する

食品ロスを減らす取り組みをしている会社や店などの支援をしている。

消費者に食品ロスを減らすように呼びかける

ウェブサイトで情報を発信するなど、消費者に、食品ロスを減らすことの大切さをうったえる。

消費者庁の消費者向けサイト

消費者庁ウェブサイト（https://www.no-foodloss.caa.go.jp/）を加工して作成

学校教育に取り入れる

学校で、食の大切さや環境を守ることの大事さを教える。

食品ロス削減推進法を施行

2019年10月から、「食品ロスの削減に関する法律」（食品ロス削減推進法）が実施されています。

この法律では、食品ロスの削減に向けて、国や地方公共団体などの責任をはっきりさせています。また、食品ロス削減のための基本方針を定めて、食品ロスを総合的に減らしていくことを目的としています。

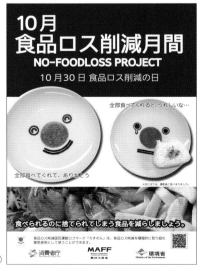

食品ロス削減月間を知らせるポスター。

出典：消費者庁ウェブサイト（https://www.caa.go.jp/policies/policy/consumer_policy/information/food_loss/）

地方公共団体の取り組み

食べ残しをゼロに

食品ロスの原因のひとつに、食べ残しがあります。そこで、食べ残しを出さないようにする呼びかけが行われています。結婚式や宴会などでは、とくに食べ残しが出やすいため、食事に集中する時間をもうけたり、食べきれない場合は持ち帰ることなどをすすめる地方公共団体があります。

宴会での食べ残しをなくすことを呼びかけるポスター。

青森市

松本市

松本市（長野県）は、この運動にいち早く取り組んできた。

栃木県

栃木県は名産のいちごにちなんで、「15（いちご）」分間の運動を呼びかけている。

佐賀市

厚木市

ロゴマークを作成して、運動を推進している地方公共団体もある。

地方公共団体のみなさん、がんばっているんだなあ。

「3010運動」ってなに？

宴会などで、席を移動したり、ほかの人との話に夢中になってしまうと、食事をする時間が減り、食べ残しが増える原因になります。そこで、宴会の初めの30分間と、最後の10分間は、自分の席に着いて、しっかりものを食べるようにしようと呼びかける運動を「3010運動」と言います。このほかに、宴会などの初めと終わりの15分ずつを食べる時間にあてる運動を行っている地方公共団体もあります。

環境省がつくった「3010運動」のポップ。

カインズ株式会社

食品ロスの削減に向けて、各地の地方公共団体でも、その地域の特性などに合った取り組みをしています。宴会などで食べ残しをひかえる呼びかけや、生ごみを減らすこころみ、食の大切さをうったえる活動など、さまざまです。

食材をむだにしない取り組み

賞味期限内に消費できない食べ物を集めて、必要な人のところに届けるフードドライブという活動を呼びかける地方公共団体があります。また、食材をむだなく使うアイデアなどの提案もしています。

川崎市

賞味期限までに消費できない食材を集める「フードドライブ」という活動をしている地方公共団体。

相模原市

つくりすぎた料理を、捨てることなく、ほかの料理につくり直す（リメイクする）アイデアを紹介する。

ごみを減らす取り組み

食品ロスが増えれば、それだけごみが増えることになります。家庭から出る生ごみを肥料にするなど、ごみを減らすことを呼びかけている地方公共団体があります。

江別市

生ごみを減らすための取り組みのひとつとして、YouTube（ユーチューブ）でアニメを配信している。

食の大切さをうったえる

「食」の大切さを知ることが、食品ロスを減らすことにつながります。子どもたちに向けて食べ物の大切さを伝える教材や絵本をつくっている地方公共団体もあります。

北海道

野菜が育つようすをしょうかいして、食材の大切さを知ってもらう。

松本市

公募で最優秀作品となった原作をもとに、食べ物の大切さを伝える絵本を作成。

27

食品ロスに立ちむかう
フードバンク活動

フードバンクのしくみ

　フードバンクでは、さまざまな理由で捨てられてしまう食品を、食品をつくる会社などからゆずってもらい、食料を必要とする人たちに提供しています。

　必要なものを必要なところに届けることで、食品ロスを減らし、困っている人々を支援することができます。

フードバンクの目的

　フードバンク活動をしている団体は全国にありますが、その多くは、さまざまな原因で、食べ物をじゅうぶんに食べられない人に食料を届けることを目的としています。結果的に食品ロスを減らすことにつながっています。

食品をつくる会社

包装がいたんだり、印字ミスで売れなくなった食品など

食品を輸入する会社

輸入しすぎてしまった食品など

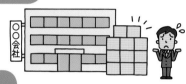

小売店・スーパーマーケットなど

賞味期限が近い食品など

農家

大きさや形が規格に合わない作物など

寄付する

フードバンクのよいところ

　フードバンクは、会社や地方公共団体、食べ物を受け取る人など、みんなによいことがあるしくみです。

会社や小売店にとってよいところ

捨てる食品の量が減るので、処分にかかる費用を減らせる。

社会のためになる活動に協力することになる。

28

フードバンク活動とは、「食べられるのに、捨てられてしまう食品」を、食品をつくる会社や農家などからゆずってもらい、食べ物を必要としている人や施設などに届ける取り組みです。もともとはアメリカではじまり、その後、世界中に活動の輪が広がっています。

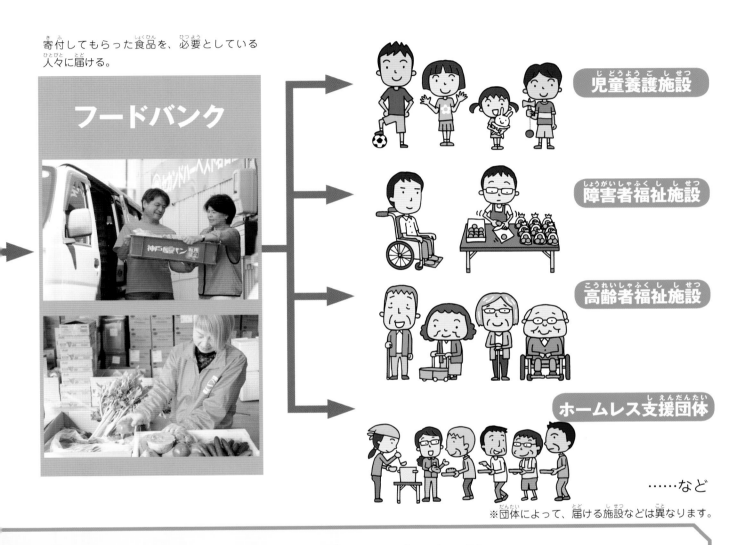

寄付してもらった食品を、必要としている人々に届ける。

フードバンク

児童養護施設

障害者福祉施設

高齢者福祉施設

ホームレス支援団体

……など

※団体によって、届ける施設などは異なります。

地方公共団体にとってよいところ

食品ロスが減るとごみが減り、ごみ処理にかかる費用（税金）を減らせる。

困っている人たちを地域全体で支えることができる。

税金 → 税金

受け取る人にとってよいところ

施設などでは食費をおさえられ、ほかのことにお金を使える。

さまざまな食品を食べて、多様な食体験ができる。

まだ食べられるものを、食べられない人に

フードバンクでは、どんな活動をしているのでしょうか。また、どんな苦労があるのでしょうか。「セカンドハーベスト名古屋」で活動するみなさんに話を聞いてみました。

セカンドハーベスト名古屋
理事長
山内大輔さん

「セカンドハーベスト名古屋」について

日本では、食べられる食品が大量に捨てられています。その一方で、食べることに困っている人もいます。私たちは、食べることに困っている人を支援するとともに、食品ロスを減らすための活動をしています。おもな活動は2つあります。1つは、企業などから寄付してもらった食品を、各地の福祉施設や団体に届ける活動です。もう1つは、市町村などと協力して、地方公共団体の窓口を訪れる、食べ物の支援が必要な人に食品を届ける活動です。

まだ食べられるものは、どこから手に入れますか。

食品をつくっている会社やスーパーマーケット、コンビニエンスストアのほか、私たちの活動を理解し、応援してくださっている農家や地元の人たちからも寄付をしてもらっています。

寄付していただくのは、賞味期限が近かったり、印刷表示がずれているなどといった理由で売れなくなった食品で、食べても問題のない、安全な食品です。

どんな人が働いているのですか。

食べ物を必要としている人のところに、食品を届けるとともに、食品ロスを減らしたいと思っているボランティアの方々が中心です。

会社を定年退職した人や、子育てが一段落した主婦、学生や社会人など、約40名が活動しています。私たちの団体は、NPO法人といって、活動から利益を得ることができないため、お金をもらって働いている人は、今のところ2人だけです。

フードバンクでたいへんなことはなんですか。

フードバンクのやりがいはなんですか。

いちばんたいへんなことは、活動を続けていくためのお金をどうやって用意するかということです。

さまざまな会社や個人から、多くの食品を寄付してもらっていますが、食品だけではなく、活動に必要なお金もみなさんからの寄付にたよっています。

でも、それだけではじゅうぶんではなく、食品を保管する倉庫代や輸送代など、活動に必要なお金を集めるのに苦労しています。

食べることは生きることです。私たちの活動は「生きること」を守る活動です。食べ物を受け取った人から「命がつながりました」、「生活が落ち着いたら恩返しに行きます」など、お礼の言葉をいただくと、とてもうれしいです。

自分たちの活動が、困っている人たちの役に立っていると感じられることや、広く社会のためになっていると感じることに、大きなやりがいがあります。

食品ロスを減らすために、子どもができることはなんですか。

食品ロスの約半分は家庭から出ています。だから、食品ロスの問題は自分たちにも関係があるということを知ってください。次に、小さいことでもよいので、自分にできることをやってみてください。具体的には、家や学校、外食のときなどに、食事を食べ残さないこと。賞味期限と消費期限のちがいを理解すること。すぐに食べる場合は賞味期限が短いものを選ぶことなどです。小さいことの積み重ねが、食品ロスを減らすことにつながっていくのです。

寄付された食品を仕分けするボランティアの方々。

必要としている人に食品を届けるスタッフ。

中学校や高校に行き、生徒に食の大切さを説明する講演会を行っている。

食品ロスを減らす海外での取り組み

フランス　法律違反には罰金も

2016年に「食品廃棄禁止法」という法律が実施されています。大型（400㎡以上）のスーパーマーケットが、売れ残りや賞味期限切れの食品に漂白剤をかけて食べられなくすることを禁止し、違反すると罰金をはらわなければならなくなりました。余った食品は、ボランティア団体へ寄付することが義務づけられています。

フランスではフードバンクの活動がさかんに行われている。日本のフードバンクより規模が大きく、あつかう食品の量も多い。

デンマーク　賞味期限切れ食品などを販売する

賞味期限が切れている食品や、包装に傷やよごれのある食品を専門に販売するスーパーマーケットが、コペンハーゲンにあります。このスーパーマーケットはボランティア団体が運営し、最大で定価の半額で商品が売られています。

Newscom／アフロ

賞味期限の切れた食品などを専門に販売するスーパーマーケットに並ぶ人々。

スペイン　「連帯冷蔵庫」を置く

バスク自治州のガルダカオには、「連帯冷蔵庫」と呼ばれる大型冷蔵庫が設置されています。飲食店や家庭で余った食品や賞味期限の近づいた食品をこの冷蔵庫に入れ、食料を必要とする人の手にわたるようにしています。冷蔵庫の中身はボランティア団体によって定期的にチェックされています。

Agencia EFE／アフロ

AFP＝時事

ガルダカオに設置されている「連帯冷蔵庫」。食品ロスを防ぎ、貧しい人を支える。

日本だけでなく、世界でも食品ロスは大きな問題になっています。2015年に国連が、2030年までに世界全体の1人あたりの食品廃棄物を半分にするという目標を定めたこともあり、世界各地でさまざまな取り組みが行われています。

アメリカ

持ち帰りの入れ物をくれる

アメリカには、外食をして余った食べ物を持ち帰る習慣があります。多くの店では、持ち帰るための入れ物（容器）を用意しています。この入れ物は、ドギーバッグ（犬のふくろ）と呼ばれ、「犬のえさにするから」という口実で、食べ物を持ち帰りやすくしています。

レストランなどでは、持ち帰り用の容器をくれる。

イギリス

食品ロスの情報を発信

消費者に向けて、食品ロスに関する基礎的な情報を発信したり、食品のむだをなくし、家計に役立つアドバイスを提供する団体があります。また、食品ロスに関する調査も行っています。

適切な食事の量を計算するためのソフトを提供。

食材を使い切るためのレシピをしょうかい。

オーストラリア

無料販売のスーパーマーケット

オーストラリアのオズ・ハーベストマーケットは、賞味期限が近い食品を大手スーパーマーケットからゆずり受け、店で無料で提供しています。利用者から寄付をつのり、そのお金は、このスーパーマーケットを運営し、支援が必要な人たちへ食料を提供している団体の活動費用にあてられます。

共同通信社

オズ・ハーベストマーケットのようす。

本格的になる食品ロス対策

国際連合（国連）は、2015年9月に、2030年までに世界全体の1人あたりの食品ロスを、半分に減らすという目標を採択しています。

このように、食品ロスを減らすために努力することは、国際的な流れになっています。

食品ロスを減らすのは、世界的な取り組みなんだね。

33

世界に広がる「モッタイナイ」

「もったいない」に感動

2004年にノーベル平和賞を受賞し、翌年日本にやってきたワンガリ・マータイさんは、日本に古くからある「もったいない」という考え方に感心しました。

ものを大切にするときや、むだにしてはいけないときに使う「もったいない」という言葉が、環境を守るための3R（リデュース、リユース、リサイクル）に加え、ものへのリスペクト（うやまい、感謝すること）を表す、思いやりの言葉であると知ったからです。

マータイさんはその後、この言葉を「MOTTAINAI」と表して国連などでも語り、世界に広めました。

毎日新聞社/アフロ

日本のふろしきを広げて「もったいない」の精神を語るワンガリ・マータイさん。

3R とリスペクト

リデュース	リユース	リサイクル	リスペクト
資源を使う量を減らす。	資源をくり返し使う。	資源を再利用する。	うやまい、感謝する。

  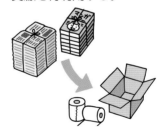 

マータイさんはどんな人？

アフリカのケニアに生まれたワンガリ・マータイさん（1940～2011年）は、地球環境を守る活動に力をつくしました。

1977年に、ケニアの各地に植林する「グリーンベルト運動」をはじめ、環境を守ることをうったえ続けました。また、アフリカの貧しい人々の人権を守る活動もしました。それらの功績により、2004年に、アフリカの女性としては初めてノーベル平和賞を受賞しました。

ロイター/アフロ

在ケニア日本大使たちとケニアで植樹をするワンガリ・マータイさん。

日本人にはなじみの深い「もったいない」。この言葉を、ほかの国の言葉に言いかえるのはとても難しいそうです。アフリカの女性として初のノーベル平和賞を受賞したワンガリ・マータイさんは、日本で「もったいない」という言葉に出会い、世界に広める活動をしました。

ものや資源を大切にする「もったいない」運動

「もったいない」運動として、使わなくなったものを必要としている人に使ってもらったり、古着や古本などの資源を回収、リサイクルする活動が行われています。また、貴重な資源を使い捨てにしないこころみもされています。

使わなくなったものを安く販売するフリーマーケット。

NPO法人キッズフリマ
着られなくなった服や、遊ばなくなったおもちゃなどを持って集まり、ほかの人のものと交かんする「キッズ★トレード」。

福井新聞社
コーヒー店などにマイボトルを持っていき、そこに入れてもらうことで、使い捨てのプラスチック容器などを節約する。

「もったいない」の気持ちが食品ロスを減らす

できるだけものを捨てずに大切に使う。「もったいない」という言葉は、その気持ちのあらわれです。食べ物をむだにしてはいけないと思うのも、「もったいない」のひとつ。「もったいない」の気持ちを多くの人が持てば、食品ロスを減らせるはずです。

まだ使えるかなぁ？

ごちそうさま！

日本の言葉が、そのまま世界に広まっているんだね。

35

減らそう！食品ロス

食品ロスを減らすためのさまざまな取り組み

食品をつくる会社の取り組み

長期保存できる容器などの開発　　取り引きの習慣を変える

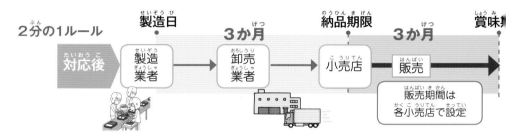

2分の1ルール

対応後 → 製造業者 → 卸売業者 → 小売店 → 販売 →

製造日　3か月　納品期限　3か月　賞味期

販売期間は
各小売店で設定

飲食店・レストランの取り組み

食べ物の提供の
しかたを変える

料理の持ち帰りを
すすめる

小売店・スーパーマーケットの取り組み

お客さんに食品ロ
スを減らすように
呼びかける

賞味期限が近い食品を販売する

家庭でできること

調理のしかたな
どを工夫し、食
品ロスを減らす

どれくらいの食べ物を
捨てているか調べる

学校でできること

自分たちでできることを実行して、
給食での食品ロスを減らす

食べものに、
もったいないを、
もういちど。
NO-FOODLOSS PROJECT

シンボルの「ろすのん」

国が中心となる食品ロスを減らす運動

国

おたがいに
協力する

地方公共団体

さまざまな呼びかけ
をしている

事業者(会社、店)

消費者

食品ロスを減らすための法律を定める

2019年10月から、「食品ロスの削減に関する法律」(食品ロス削減推進法)が実施されている

10月 食品ロス削減月間 NO-FOODLOSS PROJECT 10月30日 食品ロス削減の日

フードバンクの活動

食品ロスになってしまう食品を、必要なところに届ける

食品をつくる会社など

フードバンク

高齢者福祉施設など

みんなで協力することが大切だね。

3巻では、食べ物のことを、もっと調べてみましょう。

さくいん

知ろう！減らそう！
食品ロス

②

食品ロスを減らすには

監修　小林富雄

2003年、名古屋大学大学院生命農学研究科博士後期課程修了。農学博士。民間シンクタンク（インダストリ・テクノロジ本部）などを経て、2009年、中京学院大学健康栄養学科准教授。2015年、名古屋市立大学大学院経済学研究科博士後期課程短期履修コース修了。経済学博士。2017年、愛知工業大学経営学部経営学科教授。一般社団法人サスティナブルフードチェーン協議会代表理事、ドギーバッグ普及委員会会長。著書に『食品ロスの経済学』（農林統計出版）など。

装幀・デザイン　高橋コウイチ（WF）

本文レイアウト　青木朗

編集協力　大悠社

イラスト　川下隆、渡辺潔

写真　金子写真事務所、PIXTA

2020年4月 7 日　第 1 刷発行
2022年8月10日　第 4 刷発行

監修者　小林富雄
発行者　小峰広一郎
発行所　株式会社 小峰書店
　　　　〒162-0066
　　　　東京都新宿区市谷台町4-15
　　　　電話　03-3357-3521
　　　　FAX　03-3357-1027
　　　　https://www.komineshoten.co.jp/

印刷・製本　株式会社 三秀舎

NDC588　39P　29×22cm
ISBN978-4-338-33602-4
©2020 Komineshoten Printed in Japan